AF456515

ÉLOGE FUNÈBRE

DE

M. l'abbé Augustin BOURÉLY

CHANOINE HONORAIRE DE LA CATHÉDRALE DE NIMES,

CURÉ-FONDATEUR DES ÉGLISES DE

N.-D.-DE-ROCHEBELLE, TAMARIS, SAINT-JEAN-DU-PIN & N.-D.-DES-MINES

Prononcé le 19 août 1879,

DANS L'ÉGLISE PAROISSIALE DE N.-D.-DE-ROCHEBELLE,

Par M. l'abbé CRISTOL, son successeur.

EN DÉPOT

Chez MALIGNON-MARTIN, Libraire,

Grand'Rue, 74, à ALAIS.

✝

ÉLOGE FUNÈBRE

De M. l'abbé Augustin BOURÉLY,

PRONONCÉ DANS L'ÉGLISE DE N.-D.-DE-ROCHEBELLE,

LE 19 AOUT 1879,

Jour anniversaire de sa mort.

Vir fidelis multùm laudabitur. (*Prov.*, XXVIII, 20.)

L'homme fidèle à ses devoirs recevra de grandes louanges.

Une année entière s'est écoulée depuis le jour où la divine Providence, après de longues douleurs, appelait devant le trône de la céleste Justice l'âme si éminemment sacerdotale de Monsieur l'abbé Bourély. Que se passa-t-il aux pieds de ce trône, où Dieu juge les justices mêmes, où il faut rendre jusqu'à la dernière obole qui n'a pas été remise ici-bas par la miséricorde, où son œil pénétrant découvre les pensées et les intentions secrètes des cœurs??? — Nous ne le savons! Et l'Eglise ne craint pas d'autoriser nos anxiétés en permettant et même en encourageant les services d'anniversaire et les fondations de messes à perpétuité. C'est pourquoi nous n'avons pas hésité, malgré votre vénération si profonde et si légitime pour celui qui fut votre vénéré père en J.-C., à vous convoquer encore cette année, comme au jour de ses funérailles, pour prier avec nous et offrir le divin sacrifice pour le repos de son âme.

Cependant la divine Victime vient de s'immoler sur l'autel; notre piété filiale et fraternelle l'a offerte à Dieu pour le repos de cette âme si chère; qu'il nous soit permis de livrer nos cœurs à la confiance, et d'interrompre un instant les hymnes funèbres pour reposer notre anxiété dans le souvenir des grands travaux et des vertus de celui que nous pleurons.

Aussi bien, en le faisant, nous trouverons bien des motifs de consolation et d'espérance, et nous chanterons à la manière du Ciel une hymne à la gloire du Dieu tout-puissant qui, en couronnant ses saints, couronne ses propres dons. « *Qui coronando sanctos tuos coronas dona tua.* » (S. Aug.)

Exalter dans le temple saint les travaux et les mérites d'un véritable serviteur de Dieu, c'est préluder aux ravissements et aux hymnes de la Jérusalem céleste où les bienheureux, recevant toute connaissance dans la lumière de Dieu lui-même, verront à découvert toutes les tendresses, les industries de sa miséricorde et de son amour pour conduire les âmes au salut éternel, à travers les travaux et les périls de cette vie. Ils verront que Dieu a tout fait pour sa gloire et aussi pour ses élus, et la connaissance véritable et parfaite de ces merveilles de la bonté et de la sagesse divines inspirera leurs éternels cantiques de louanges. Ici-bas où nous ne voyons l'œuvre divine que par une image réfléchie et en une sorte d'énigme, il nous est difficile de saisir dans son ensemble et ses détails la pensée miséricordieuse qu'il réalise en chacun de nous, et dont la poursuite s'harmonise si bien avec tous les événements qui composent notre existence; et néanmoins il est possible d'entrevoir dès cette vie quelque chose de ce plan divin que nous contemplerons à découvert dans l'éternité. Il est doux et fortifiant pour l'âme chrétienne de pouvoir se reposer dans l'étude de cette action providentielle, de ce travail incessant de Dieu sur nous, pour conduire nos âmes au salut, les sauver l'une par l'autre et marquer à la liberté de chacune d'elles un rôle déterminé, une mission spéciale, qui rendent l'œuvre divine encore plus admirable dans le monde des intelligences libres que dans le monde des êtres visibles et matériels. Le savant étudie les merveilles de l'organisation et de la vie des plantes et des êtres animés; plus il les connaît, plus il admire la sagesse et la puissance du Dieu qui les a créés; le chrétien peut s'élever plus haut encore et admirer Dieu dans les merveilles qu'il accomplit dans le monde des âmes, et, prenant au parterre de la sainte Eglise une fleur de la sainteté, en étudier l'épanouissement, en admirer la beauté et rendre gloire à son divin Auteur.

Essayons pendant quelques instants d'étudier l'action de la Providence et de la grâce dans cette âme sacerdotale qui nous quittait l'an passé pour s'envoler à Dieu. Aussi bien devons-nous trouver dans cette étude la trace visible d'une sagesse et d'une bonté toutes surnaturelles, car le Tout-Puissant n'est pas moins admirable dans l'humble fleur de la prairie que dans le cèdre du Liban.

« *Vir fidelis multùm laudabitur*. L'homme fidèle à sa mission recevra de grandes louanges. » Telle est la parole qui nous a paru le mieux convenir au vénérable abbé Bourély. La fidélité à son devoir et à sa mission fut le trait caractéristique de sa vie et le principe de la fécondité surprenante de sa carrière sacerdotale. Il semble bien, en effet, que ses œuvres ont réalisé ce que la Providence attendait et voulait de lui, puisque nous le trouvons partout à sa place, d'avance préparé par la main divine à l'œuvre qu'il doit faire, et toujours environné, soutenu par une assistance d'En-haut, qui le fait réussir auprès de tous et en toutes choses, dans les entreprises les plus difficiles, auprès des âmes les plus rebelles, parmi toutes les classes de la société, comme s'il était un homme universel.

Le secret véritable de cette fécondité merveilleuse autant que manifeste, ce fut sa fidélité à la grâce et aux devoirs de sa vocation sainte. Dieu, qui voulait s'en servir comme d'un instrument de ses bontés sur les âmes, et qui en même temps tenait comme toujours à faire éclater par lui sa gloire et sa puissance, lui donna de belles qualités de cœur et d'esprit; mais, dispensateur prudent, il sembla les lui départir avec mesure et discrétion, comme s'il avait voulu seulement dissimuler son action divine derrière le voile de ces qualités naturelles, et néanmoins rendre sensible dès ici-bas, pour des chrétiens attentifs, la disproportion manifeste qui se rencontre entre les grandes œuvres de l'abbé Bourély et ses modestes qualités. Pauvre et sans patrimoine, il dispensa de grands trésors, fruits de son zèle et de la confiance qu'il inspirait à tous. Non moins chéri des grandes familles d'Alais que du peuple ouvrier confié à ses soins, il eut la faveur des uns sans exciter les critiques et la jalousie des autres; parce que s'il était ainsi tout à tous, c'était bien vraiment pour les gagner tous à J.-C., et que s'il fréquenta les familles nobles et fortunées, ce ne fut pas pour y faire briller son talent ou son esprit, mais pour y plaider, l'occasion venue, la cause de ses pauvres et de ses églises ou, ce qui est plus difficile encore, la cause de J.-C. dans les âmes. Par le seul effet de son zèle franc et familier, qui sans détour allait au but, il a converti et maintenu dans la pratique des devoirs de la vie chrétienne une foule d'âmes qui lui devront le salut éternel. Sans être orateur il était éloquent, de cette éloquence vibrante et persuasive qui, partant du cœur, se communique au cœur et ne laisse jamais un auditoire indifférent. Comme l'apôtre, il avait la parole rude et peu littéraire, mais il possédait quelque chose de cet accent irrésistible, à la fois fort et tendre, qui faisait dire à saint Paul : « C'est moi, chers enfants, qui vous ai engendrés en J.-C.... je dépense pour vous tout ce que j'ai et je me dépenserai moi-même pour le salut de vos âmes...... sachez-le, ce ne sont pas vos biens que je recherche, c'est vous-mêmes que je veux gagner à J.-C... » Ah ! dites-le-nous, catholiques de Rochebelle, catholiques d'Alais, que de fois vous avez tressailli aux éclats de cette parole ardente et convaincue de l'apôtre du faubourg ! que de fois ses exhortations véhémentes et pathétiques, à force d'être pétries de foi et d'amour pour Dieu et pour les âmes, ont trouvé le chemin de vos cœurs pour les émouvoir et vous arracher des larmes de repentir ou d'attendrissement ! ! Echos de cette église, si souvent réveillés par cette voix puissante, ah ! gardez, gardez toujours le souvenir et comme le murmure lointain de ces accents apostoliques, pour ceux qui ont eu le bonheur d'être ici touchés de la grâce divine au contact et à la parole de cet homme de Dieu.

Cependant, au dire d'un chacun, cette parole dépouillée de la chaleur surnaturelle qu'elle prenait en tombant des lèvres enflammées de l'abbé Bourély, n'était en elle-même ni remarquable ni élevée ; il était bien plus aisé d'y reconnaître la preuve d'un grand zèle, que la trace de longues études et le souvenir des pensées des grands auteurs. Néanmoins elle a été féconde parce que, si elle n'avait pas les formes persuasives de la sagesse humaine, elle se distinguait par les effusions de l'Esprit divin qui l'inspirait. Ainsi Dieu se glorifiait lui-même en accomplissant, avec la parole simple mais ardente de l'abbé Bourély, de véritables merveilles de conversion et de persévérance ; et celui-ci préparait sa couronne en obéissant fidèlement aux impulsions intérieures de la grâce ; jamais préoccupé de se faire une réputation, uniquement jaloux de gagner les âmes, il fut toujours fidèle à n'envisager que ce seul et véritable but de la prédication sainte, prêcher J.-C. et J.-C. crucifié. Il s'oublia pour son divin Maître, et cet aimable Sauveur féconda sa parole au delà de tout ce qu'ont pu faire les plus habiles et les mieux lettrés parmi ceux qui l'avaient connu et distancé au cours de ses études classiques. Tant il est vrai que Dieu se plaît, selon la parole de l'apôtre, à confondre la sagesse des sages et la prudence des prudents, en choisissant ce qui est faible et chétif selon le monde pour confondre ce qui est fort!

Nature ardente et généreuse, faite bien plus pour l'action que pour l'étude, l'abbé Bourély n'a jamais goûté la satisfaction d'avoir des succès scolaires; et ses maîtres ont déclaré bien des fois que s'il leur donna de légitimes consolations par sa grande piété, sa ferveur et son zèle naissant, il leur inspira aussi de grandes appréhensions par la lenteur de ses progrès et la faiblesse de ses examens. Inquiets pour l'avenir du jeune aspirant au sacerdoce, ils hésitaient à l'admettre aux ordres sacrés, dans la crainte qu'il fût insuffisant. Le jeune Bourély était laborieux et appliqué, néanmoins il ne réussissait pas; c'était donc par défaut d'aptitude naturelle. Que pouvait-on espérer pour l'avenir? Il fut admis pourtant, en considération de sa grande piété et des heureuses qualités de son caractère. Qu'auraient-ils dit si l'un d'eux, subitement éclairé d'un rayon de la prescience divine, s'était écrié : « Qu'hésitez-vous, Messieurs, celui-là est l'élu du Seigneur, sa carrière sera pleine et glorieuse devant Dieu et devant les hommes, il est marqué du sceau divin parce qu'il est humble et petit à ses propres yeux; il affermira le règne de J.-C. dans les âmes, groupera sous sa houlette tout un peuple nouveau, bâtira des temples au Seigneur, relèvera les sanctuaires abattus et quittera ce monde au milieu des sanglots de tout le peuple fidèle. Laissez, laissez monter au sacerdoce ce lévite prédestiné.. » — « Tout est possible à Dieu, auraient dit les vénérables directeurs, laissant parler leur foi et faisant taire les raisonnements de la sagesse humaine. Pour nous, mes Frères, il est bon d'établir ces contrastes qui manifestent la sagesse et la puissance divines, notre Dieu se glorifie dans ses saints. Pourquoi une vaine rhétorique s'efforcerait-elle de glorifier l'homme tout seul en racontant ses œuvres, comme si l'homme pouvait accomplir quelque chose de bon en dehors de Dieu, comme si la véritable gloire ne consistait pas à avoir servi fidèlement ce Maître souverain qui règle et gouverne toutes choses ici-bas? « *Vir fidelis multùm laudabitur*, c'est le serviteur fidèle qui recevra de grandes louanges. » Non, nous ne prêterons pas à celui que nous louons des talents qu'il n'avait pas et des avantages qui lui avaient été refusés, précisément pour faire mieux ressortir le côté surnaturel et divin des œuvres qu'il a faites. Nous dirons, sans crainte de diminuer sa louange et sa véritable gloire, que la Providence alla le chercher au sein d'une honnête et pauvre famille de jardiniers de Saint-Hippolyte, où il travaillait déjà pour venir en aide à son père, lorsque le regard du respectable abbé Bedos, curé de la paroisse, le discerna parmi les adolescents de son âge. Il pressentit que, sous l'écorce de cette nature inculte, se cachait une âme pieuse et un cœur d'apôtre; il aima cet enfant, le fit travailler près de lui, l'envoya au Petit Séminaire, au Grand Séminaire, le soutint et l'encouragea toujours malgré ses insuccès, et quand il fut prêtre et vicaire nommé à Alais, il voulut l'accompagner lui-même et venir en quelque sorte l'installer et le recommander comme son fils. Ils vinrent tous deux en modeste équipage, n'ayant qu'un cheval à selle qu'ils montaient à tour de rôle, et le jeune abbé Bourély, le futur apôtre d'Alais, fit son entrée dans la ville en conduisant par la bride le cheval de son vénéré curé. Il fit ses débuts sous le digne M. l'abbé de Beauclar, et se dévoua plus spécialement au soin des jeunes garçons et de leur catéchisme de persévérance. Le peuple, d'abord inattentif, ne parut pas apprécier le trésor que venait d'acquérir la paroisse. Le zèle du jeune vicaire, son entrain au dehors, sa piété à l'Eglise, son dévouement charitable et plein de cœur pour les pauvres, son infatigable ardeur à grouper autour de lui les enfants du catéchisme de persévérance, l'autorité, l'influence salutaire qu'il ne tarda pas à acquérir sur toute cette jeunesse, lui donnèrent bientôt une popularité, lui concilièrent une estime, une vénération qui n'ont point connu de déclin et dont l'universalité est apparue avec une splendeur sans égale au jour de ses funérailles. Qu'avait-il donc, ce jeune vicaire, pour attirer de la sorte et dès le début la confiance et le respect? Il avait le zèle désintéressé des âmes et l'amour de son Dieu, ne se recherchant jamais lui-même, n'aspirant pas à se faire un nom ni à fonder son influence sur des talents qu'il n'avait pas reçus et dont l'absence ne le contristait nullement, il se livrait aux inspirations de son zèle et, confiant en la vertu divine qu'il avait reçue par le sacerdoce, il allait aux âmes avec une assurance pleine de foi, et Dieu couronnait ses efforts en ne permettant pas qu'il demeurât confondu. Tel fut le secret de sa vie : il obéit à la grâce et ne douta jamais de sa puissance. Simple et droit en sa manière d'agir, il aborda les entreprises comme il abordait les âmes, et Dieu aidant, il les mena, chose inouïe, toutes à bonne fin, à raison sans doute de ce qu'elles étaient des œuvres divines bien plus que des œuvres humaines, et que l'instrument choisi pour les exécuter fut docile et fidèle dans la main de la Providence.

Les succès du jeune abbé Bourély, auprès des jeunes

gens de la paroisse, inspirèrent à ses supérieurs la pensée de lui confier d'une manière spéciale le service religieux du Collége de la ville. Il entrait de plus en plus dans son élément; fidèle dans un modeste ministère, il était élevé à un autre plus grand et en quelque sorte plus difficile.

A cette époque, l'esprit sceptique et voltairien régnait surtout dans le monde des lettres : on était en 1842-43; la campagne pour la liberté de l'enseignement secondaire venait d'être reprise avec une ardeur généreuse par les écrivains et les orateurs catholiques. Le Gouvernement tenait rigueur à l'enseignement religieux, des revendications importunes du parti catholique, et il semblait que la tâche des aumôniers en fût rendue plus difficile dans les établissements de l'Etat. Le corps professoral ne pouvait manquer de subir l'influence d'en haut, et l'on comprend aisément que le nouvel aumônier devait avoir une position assez délicate dans ce milieu. Tout autre aurait peut-être songé à déployer de l'habileté pour faire taire les préventions et se concilier la confiance; l'abbé Bourély eut la grande habileté de n'en point avoir et, se confiant en Dieu, il se mit résolûment à l'œuvre pour instruire ses chers enfants et les former aux vertus de leur âge. Comment combattre ou entraver le zèle d'un prêtre qui travaillait avec un si bon cœur, et dont l'action salutaire contribuait tant à la bonne renommée et aux succès de la maison! Aussi, peu d'années après, de véritables merveilles s'étaient accomplies dans le Collége : la piété y florissait comme dans un Petit Séminaire; les professeurs, convertis ou subjugués par l'ascendant de ce jeune prêtre, dont la jovialité en récréation et dans les rapports ordinaires n'avait d'égales que sa piété et ses ardeurs apostoliques à la chapelle, étaient insensiblement devenus ses collaborateurs et ses amis. Plusieurs parmi eux furent ramenés des rivages lointains du doute ou de l'indifférence religieuse, à la pratique d'une piété sincère et forte ; ils avaient été gagnés et convaincus par le spectacle des vertus de leur jeune aumônier et son infatigable dévouement aux enfants, bien plus que par la profondeur ou la sublimité des aperçus que renfermaient ses discours. *Virtus Dei erat in illo*, la vertu de Dieu était en lui. Voilà pourquoi sa parole simple, mais onctueuse et pleine de chaleur, opérait ce que la grande science et la belle littérature n'auraient pu accomplir.

Cette union si parfaite entre les professeurs et l'aumônier favorisa grandement l'action et le développement de la piété parmi les élèves. De nombreuses vocations ecclésiastiques se produisirent parmi eux, et le bon abbé Bourély, dans ses moments d'expansion, se réjouissait tout haut de pouvoir compter dans les rangs de notre clergé diocésain dix-huit prêtres dont il avait discerné et cultivé la vocation au Collége d'Alais. Cependant les fonctions d'aumônier ne l'absorbaient pas entièrement. Il garda pendant plusieurs années son titre et son confessionnal à l'église Saint-Jean, où le vénérable abbé Hébrard, juste appréciateur de ses vertus et de son influence, n'avait point voulu se priver de ses services ; et l'abbé Bourély qui au Collége semblait être tout entier et exclusivement à ses enfants, à la paroisse semblait être entièrement à ses catéchismes, à ses malades, à ses pauvres, à son confessionnal. Ce double ministère si bien rempli, si fructueux, élargissait chaque jour la sphère de son action ; les petits et les pauvres avaient formé sa première clientèle ; les collégiens et les riches se joignirent aux premiers, et l'on vit se produire ce phénomène inexplicable s'il n'avait pas eu de belles qualités de cœur et des vertus admirables, que plus il était connu, plus il était estimé et vénéré. Tous ceux qui avaient le bonheur de l'approcher en concevaient une si haute et si parfaite estime, et cette estime était devenue si générale, que les facéties et les trivialités les plus singulières, en passant par sa bouche, semblaient perdre leur inconvenance et laissaient absolument intact le sentiment de respect et d'affection qu'il inspirait à tous ses amis. Le respectable curé d'Alais, M. l'abbé Hébrard, l'avait si bien remarqué et compris, qu'il le définissait un jour en disant : « Il peut faire dans Alais les choses les plus étranges, cela n'empêchera pas tout le monde de dire qu'il est un saint. »

Telle était la position et le crédit dont jouissait l'abbé Bourély, lorsque l'autorité diocésaine, en 1851, sur les instances du vénérable curé de St-Jean, décida le sectionnement de cette paroisse devenue trop grande et la création d'une succursale pour le faubourg de Rochebelle, Tamaris et St-Jean-du-Pin. Le développement rapide des industries houillères et métallurgiques de la région, en quelques années, avait élevé le chiffre de la population de 14,000 à 20 et 22,000 âmes; le faubourg de Rochebelle notamment était devenu une agglomération considérable composée en grande partie d'étrangers et d'ouvriers nomades. C'était là que venaient se cacher toutes les hontes et toutes les turpitudes; il y avait quelques bons éléments, mais épars et sans cohésion; le vice pouvait y marcher tête haute, il était là comme dans son domaine. Pourtant, c'étaient des âmes rachetées par le sang de J.-C.; bon nombre parmi elles avaient été entraînées à l'oubli de leurs devoirs par les dures nécessités de la vie et les vicissitudes de leur existence; si on ne pouvait espérer qu'elles viendraient d'elles-mêmes s'abreuver aux sources du Sauveur, il était bien permis de croire que la création d'un centre religieux et l'influence de quelques prêtres zélés opéreraient de grandes transformations. La Municipalité, pressentie sur cette question, se montra favorable; une souscription fut ouverte, elle produisit 24,000 fr.; et par décret du 14 juillet 1853, la succursale nouvelle était érigée dans la commune d'Alais.

Depuis longtemps la voix publique avait désigné à Mgr Cart, de sainte et douce mémoire, le titulaire de la nouvelle paroisse. Depuis longtemps l'abbé Bourély était nommé, appelé par le peuple, et celui-ci attiré, presque séduit par les énormes difficultés de cette nouvelle mission, pendant plus d'une année épancha son âme devant Dieu dans le secret du sanctuaire, priant pour le salut de ces âmes qui devaient bientôt lui être confiées. Comme saint Paul en face d'Athènes livrée au paganisme, l'abbé Bourély ne pouvait jeter les yeux sur le vaste champ de son prochain apostolat, sans éprouver une émotion profonde qui exprimait de son âme une prière ardente pour ce peuple qu'il aimait déjà comme un père. D'interminables instructions et formalités administratives mirent son zèle et sa patience aux plus rudes épreuves; l'ardeur de son tempérament se prêtait avec peine à ces lenteurs qu'il ne pouvait activer que par sa prière. Enfin, le décret d'érection parut pour donner le signal depuis deux ans attendu, et commencer l'œuvre. Il n'y avait rien, tout était à créer; point d'église, point de presbytère, et avec cela un peuple nombreux, réparti en trois groupes éloignés l'un de l'autre. Ce n'était pas une église qu'il fallait faire construire et meubler, c'étaient trois églises à obtenir et trois paroisses à créer. Quel programme pour un seul homme, pour un pauvre prêtre! Jusque-là les œuvres de l'abbé Bourély avaient pu sembler petites et faciles, comparées à celle que Dieu lui confiait maintenant. Si le pieux aumônier n'eût pas été vraiment de la forte race des hommes apostoliques, il aurait pu dire : « Je me suis fait au Collége une position honorée, n'allons pas nous jeter dans une position inconnue et surhumainement pénible; qu'on me fasse d'abord une église et un presbytère, nous verrons ensuite... » Ainsi aurait parlé la sagesse humaine; mais l'abbé Bourély ne l'avait jamais consultée, c'était l'heure de la fouler aux pieds et d'attirer le secours divin en se livrant avec une fidélité parfaite à l'appel de son Dieu. Depuis deux ans que s'agitait cette question, il lui semblait entendre au dedans de lui-même une voix douce et forte qui lui disait : « Viens donc me défricher cette terre inculte et presque sans fruit, viens, j'ai là des âmes qui se perdent et que je veux sauver; je te ferai l'instrument de mes miséricordes... » Et, pendant deux années entières, le feu divin allumé dans son cœur avait couvé sous la cendre de ses désirs impuissants, il allait éclater enfin au milieu de son peuple avec d'autant plus de liberté que son zèle allait revêtir toutes les formes et se prêter à toutes les exigences d'un service à la fois si multiple et si nouveau. Il accepta donc avec bonheur et confiance en Dieu la rude mission que son Evêque lui confiait, et vint immédiatement inaugurer le service divin dans un grand bâtiment plus semblable à un vieux hangar abandonné qu'à une église. Il prit son logement dans la maison voisine et, avec une ardeur infatigable, il se multiplia pour faire face à tout, donner à son hangar une forme d'église quelconque, se procurer des ornements, des chaises, agrandir artificiellement son local, trop étroit quand venaient les grandes fêtes, trop étouffé quand venaient les chaleurs.

L'inauguration du service divin eut lieu le 14 août 1853, vigile de l'Assomption. Les élèves du Collége, en témoignage d'affection pour leur aumônier, lui offrirent une belle et grande statue de la Sainte-Vierge, et la portèrent eux-mêmes, à la tête de toutes les autorités civiles convoquées par M. le Maire, et au milieu d'un immense concours de fidèles. La procession partit du Collége, musique en tête; les habitants du faubourg avaient dressé un magnifique arc-de-triomphe sur le pont, et lorsque parut l'image vénérée de Marie qui venait prendre possession de la nouvelle paroisse de N.-D.-de-Rochebelle, ils l'acclamèrent avec transport, et l'on se rendit processionnellement à la chapelle provisoire pour en faire la bénédiction.

Je renonce à décrire les industries innombrables qu'employa le zélé pasteur pour décorer son église improvisée, y attirer son peuple, lui en inspirer l'amour. Il y réussit au delà de toute expression, et ce vieux bâtiment, aujourd'hui transformé, rappelle à beaucoup de fidèles des souvenirs bien attendrissants.

Mais tandis qu'il fallait ainsi tout créer à Rochebelle, il fallait aussi tout créer à Tamaris. Le bon curé ne put se résigner à supporter longtemps que cette population n'eût pas un service religieux distinct. Comme à Rochebelle, il se contenta d'un local quelconque et, par une pensée de foi, voulut inaugurer le service divin par une procession solennelle du T.-S.-Sacrement : c'était comme une prise de possession par Jésus lui-même, bénissant cette usine immense où, grâces à Dieu et à l'influence des éminents chrétiens qui l'ont fondée et dirigée, le respect de la foi catholique a toujours régné à ce point, que Tamaris est devenu une paroisse modèle. Disons cependant que les sueurs de l'abbé Bourély et de ses collaborateurs et successeurs ont bien fécondé cette terre bénite par le Dieu de l'Eucharistie. Rochebelle et Tamaris se partageaient les journées du bon curé et de son vicaire; ils allaient et venaient plusieurs fois par semaine pour célébrer la sainte Messe, catéchiser les enfants, visiter les malades. Ce provisoire si pénible dura plusieurs années sans jamais altérer la bonne volonté ni la bonne humeur du nouvel apôtre; il n'aurait pas duré si longtemps si l'usine de Tamaris ne s'était pas trouvée, à cette époque, exploitée par une Compagnie fermière qui ne pouvait entreprendre de construire une église pour quelques années de jouissance. Mais Dieu vint en aide au saint curé. En 1856, à l'expiration de son bail qui avait duré 20 ans, la Compagnie fermière se joignit à la Compagnie propriétaire pour ne plus faire qu'une seule Société, et le respectable et si regretté M. Drouillard, administrateur de la première, fit inscrire dans l'acte de Société que la nouvelle Compagnie ferait immédiatement construire une église, un presbytère et des maisons d'école. On se mit immédiatement à l'œuvre, et deux ans après Mgr Plantier, en faisant la consécration solennelle de l'église de Tamaris, pouvait dire du haut de la chaire, aux administrateurs si chrétiens et si généreux de la Compagnie des Mines, Fonderies et Forges d'Alais : « Vous avez noblement rempli votre devoir, envers Dieu, dont vous vous êtes constitués les apôtres en consacrant ici ses droits; envers le pays, auquel vous venez de donner un grand exemple de sagesse et de foi; envers vos ouvriers, en leur prodiguant les moyens d'assurer leurs destinées immortelles... » Un chapelain résidant, demandé et doté par la Compagnie, fut alors nommé pour le service de Tamaris; mais comme si l'on eût craint que la nouvelle paroisse ne pût encore se passer totalement des soins et de la vigilance de celui qui avait été son fondateur et son père, la juridiction pastorale fut conservée quelques années à M. Bourély, qui semblait ne pouvoir se détacher de cette fille aînée de son sacerdoce avant d'avoir vu s'achever son développement et sa constitution. Son cœur était là, et jusqu'à la fin Tamaris eut ses affections et ses tendresses. Quand il en eut officiellement quitté la direction pour la confier à son digne successeur, il se plut encore à regarder celui-ci comme son fils, et celle-là comme sa petite-fille; il était devenu grand-père, et il en acceptait le titre.

La fondation de la paroisse de Tamaris étant achevée, tout restait à faire à Rochebelle, où le provisoire dura onze ans. D'innombrables difficultés financières et administratives surgissaient chaque année pour entraver la réussite du projet de construction. Les sympathies étaient universelles, les dévouements véritables, le Maire très désireux d'attacher ce beau fleuron à la couronne de ses œuvres administratives, et cependant rien n'aboutissait. Toujours en courses, en sollicitations, en instances, l'abbé Bourély frappait constamment à la porte de quelque représentant de l'autorité; avait-il triomphé sur un point, il fallait donner des éclaircissements sur un autre; puis de la Mairie l'affaire passait à la Préfecture, et de la Préfecture au Ministère; le pauvre solliciteur était parfois rebuté comme un importun fastidieux, mais son inaltérable bonhomie, ses facéties toujours heureuses, puisqu'elles réussissaient, amenaient le sourire sur les lèvres de ses interlocuteurs et la bienveillance dans leur âme. Il réussit enfin à tout concilier, mais Dieu lui demanda cinq ans pour obtenir que la première pierre fût posée, et le reste de sa vie pour construire et meubler son église. Ainsi travaillent les Apôtres, ainsi le Sauveur des âmes les fait coopérer à la rédemption; ils goûtent eux aussi l'amertume du calice et la pesanteur de la croix. Il est des heures d'angoisse et d'insuccès dans lesquelles s'échappe de leur âme ce cri de douleur: « Mon Dieu! mon Dieu! pourquoi m'avez-vous abandonné? » Mais Dieu ne semble les abandonner un moment que pour les éprouver et mieux les secourir ensuite.

L'abbé Bourély, dont l'âme ouverte et communicative faisait partager à son peuple ses espérances et ses anxiétés, avait allumé au cœur de tous ses fidèles un tel désir de voir bientôt cesser le provisoire et s'achever le nouvel édifice, que, ne pouvant faire contribuer de son argent la population ouvrière et besogneuse du faubourg, il obtint, chose plus belle et plus admirable encore, de la faire contribuer de son travail. On vit alors cette population se lever à l'appel de son curé, pour ajouter au travail de la journée deux et trois heures empruntées au repos et au sommeil, afin d'exécuter sans frais un immense travail de terrassement destiné à relever de plusieurs mètres le niveau de l'emplacement de l'église. On vit alors, spectacle digne des siècles de foi, les filles et femmes ouvrières du faubourg venir au son de la cloche, dès trois heures du matin, et le soir, après leur repas, travailler au terrassement, transporter leurs corbeilles de terre en chantant le *Magnificat* ou des cantiques à Marie. Ce travail dura plusieurs semaines, et l'abbé Bourély, toujours le premier, donnait l'exemple de la gaîté, de la promptitude et de l'esprit de foi; il était heureux sans doute de la générosité de son peuple et de l'avancement des travaux, mais il était plus heureux encore de pouvoir offrir au Seigneur les offrandes généreuses des uns et les fatigues si méritoires des autres pour servir de fondement à l'édifice spirituel de sa paroisse.

Celui-là grandissait tous les jours, et de grandes consolations dédommageaient le saint curé de ses énormes fatigues, de ses innombrables et incessantes sollicitudes. Déjà il pouvait dire comme le bon pasteur: « Je connais mes brebis et mes brebis me connaissent; elles entendent et entendront ma voix. » Et en effet, l'église provisoire était bien fréquentée; les pratiques pieuses s'introduisaient dans les familles; on sollicitait avec empressement la faveur d'être inscrit parmi les membres des congrégations; l'esprit paroissial se développait tous les jours; la vertu, mieux encouragée, commençait à faire rougir le vice, et l'honnêteté publique, prenant possession du quartier, en éloignait insensiblement les corruptions et les hontes d'autrefois. De grands exemples venus de haut encourageaient les ouvriers à la pratique de leurs devoirs religieux, et, lorsque les Pâques arrivaient, la vue des directeurs et des chefs accomplissant avec simplicité le précepte de la confession et de la communion pascale exerçait sur eux une salutaire influence. L'abbé Bourély était heureux de ces grands résultats de son travail; son âme en était toute attendrie, et c'était surtout en un jour de fête et de concours, au moment de distribuer la sainte communion, qu'il fallait l'entendre épancher les sentiments de son âme d'apôtre dans des allocutions pleines de tendresse, de véhémence et d'enthousiasme. Tout cela se rencontrait dans ses discours, parce qu'il aimait son Dieu caché sous les voiles de l'Eucharistie, et qu'il aurait voulu le faire aimer comme il l'aimait lui-même.

Plein d'une ardeur communicative, il excellait à élever son peuple à des enthousiasmes dont le souvenir demeure ineffaçable. L'instinct de son âme et la sagesse de son jugement le poussaient à multiplier les solennités, les grandes démonstrations publiques; le culte extérieur était entre ses mains un moyen très efficace de secouer l'apathie des âmes et de les gagner à J.-C. A sa voix, Rochebelle tressaillait tout entier; des processions splendides, des illuminations éclatantes, des pèlerinages nombreux, des vivats enthousiastes se produisaient comme par enchantement; pauvres et riches, tièdes et fervents, tous rivalisaient de zèle à la voix du pasteur, et il était rare que pour les indifférents ou les tièdes ce premier acte, qu'on appellera si l'on veut acte d'enthousiasme ou d'entraînement momentané, ne produisît pas une conversion aux Pâques de l'année suivante. Il nous faut renoncer, mes Frères, à rappeler ici le souvenir de chacune de ces grandes manifestations de votre foi. Je n'ignore pas qu'en vos familles vous en parlez avec bonheur, mais il faudrait ici de longues heures pour tout dire au gré de vos désirs; je succomberais sous la tâche, tant les œuvres de cet homme de la droite divine ont été multiples et fécondes. Pardonnez-moi si je rappelle pour mémoire seulement la création de sa troisième paroisse, Saint-Jean-du-Pin. Là comme à Tamaris, comme à Rochebelle, la construction de l'église ne fut décidée et commencée, en 1858, qu'après de nombreuses et pénibles démarches; le travail dura longtemps, et la bénédiction ne put avoir lieu que le 1er mai 1864, en attendant qu'un décret vînt ériger en 1870 la nouvelle église en succursale, ce qui permit de lui donner un curé titulaire. L'œuvre de l'abbé Bourély était faite; un troisième fleuron était attaché à sa couronne pastorale : il s'appelait Saint-Jean-du-Pin.

Disons quelques mots cependant de la dernière et peut-être de la plus laborieuse de toutes ses œuvres : la restauration ou plutôt l'érection de N.-D.-des-Mines. Le zèle est comme un feu dévorant, ou mieux encore comme un feu progressant : *ignis conflans*, dit la Sainte Ecriture. L'abbé Bourély avait rempli son mandat, les trois églises étaient faites et organisées, chaque jour leur apportait quelque embellissement nouveau, et le soin spirituel des âmes devait suffire largement à occuper l'activité qui restait à un homme qui avait déjà tant travaillé. Mais non, l'apôtre ne se repose pas, il use toutes ses forces, travaille jusqu'au bout et ne veut goûter le repos que dans l'éternité. Ainsi fit le saint curé.

Au sommet de la gracieuse montagne qui s'élève au-dessus de Rochebelle et domine tout Alais, se trouvait une sorte de sanctuaire abandonné qu'on appelait l'Ermitage. Depuis longues années, M. Bourély rêvait d'établir là un sanctuaire à Marie; dans sa pensée, il devait par la suite devenir pour Alais ce que N.-D.-de-la-Garde est pour Marseille, N.-D.-de-Fourvières pour Lyon, N.-D.-de-France pour le Puy. Ensuite élargissant encore sa pensée, il voulut élever là un sanctuaire à la Vierge sous le titre de N.-D.-des-Mines, en faveur de toute la population ouvrière de notre contrée. Le projet, communiqué aux généreux directeurs de la Cie des Mines, Fonderies et Forges d'Alais, trouva près d'eux un accueil favorable et des secours abondants. L'Ermitage fut acquis, le sanctuaire relevé et agrandi ; un corps de logis s'éleva tout auprès, une cloche énorme fut installée dans la tour; enfin une statue monumentale de la Vierge, sortie du même moule que N.-D.-de-Fourvières, fut placée sur la tour du sanctuaire d'où elle domine toute la contrée et semble inviter Alais à invoquer sa maternelle protection. Le bon curé se dépensa pour cette œuvre autant et peut-être plus que pour les autres; les pentes de la montagne étaient raides, il les gravissait plusieurs fois par jour, et n'aurait compté pour rien les fatigues physiques s'il n'avait eu à subir pour cette œuvre dernière, si chérie de son cœur, des traverses et des vicissitudes que les autres n'avaient pas connues. Sur la fin de sa carrière, il eut la douleur de se trouver en désaccord avec ses supérieurs ecclésiastiques; il se soumit comme un bon prêtre, mais non sans éprouver une grande amertume intérieure.

Pour assurer le service du sanctuaire et l'avenir de son œuvre, il avait songé à y établir des religieux. Les Camaldules, chassés d'Italie et réfugiés à Antibes, acceptèrent sans dotation et sans garanties de subsistances; ils prirent possession pendant la vacance du siége épiscopal de Nimes. L'établissement de cet Ordre nouveau dans le diocèse dut à bon droit fixer l'attention du nouvel Evêque et de ses coopérateurs. Pour des raisons qu'il ne nous appartient pas de préjuger ni d'apprécier, Mgr l'Evêque crut devoir prier l'abbé Bourély de remercier les religieux. Obéissant et fidèle, celui-ci, malgré tous les déchirements de son cœur, s'acquitta de cette pénible commission; il lui semblait que le départ des Pères serait la ruine de son œuvre dans l'avenir, et que de sa propre main il sapait les fondements de l'édifice qu'il avait si péniblement élevé. Ce déboire, qui couronnait la série des grandes œuvres qu'il avait accomplies et toutes menées à bonne fin, lui fut extrêmement sensible, mais c'est ainsi que très souvent Dieu récompense ici-bas ses vrais serviteurs, par la croix ignominieuse et pesante, quand ils ont bien travaillé pour lui et qu'il veut achever de les mûrir pour la patrie céleste. Péniblement affecté, mais non découragé, l'abbé Bourély se mit à la recherche d'une autre Communauté. Ses démarches n'aboutissaient nulle part et il sentait la vie lui échapper. Enfin, trois mois avant sa mort, des religieux lui vinrent d'un monastère jusque-là inconnu pour lui; Monseigneur les accueillit avec faveur, un contrat de donation fut passé: il se substituait une Communauté religieuse, et son œuvre ne devait pas périr avec lui.

Tels furent les principaux travaux dont la Providence le fit l'instrument. Impossible de raconter la part qu'il prit à une multitude d'autres, comme la fondation des écoles et les établissements de bienfaisance. Il est des âmes qui se sanctifient dans la vie contemplative et dont l'existence obscure présente peu de faits saillants à relater; il en est d'autres qui trouvent dans la vie active les innombrables joyaux de leur couronne céleste, et l'on serait infini s'il fallait raconter toutes leurs actions méritoires. L'ardent et généreux apôtre de Rochebelle était du nombre de ces âmes; Dieu l'avait organisé pour l'action et le mouvement, et puisqu'il le destinait à faire à l'extérieur tant de choses laborieuses, il lui avait donné, avec une forte santé, des dispositions d'esprit qui le rendaient impropre à la vie d'étude. Chose remarquable dans la vie de cet homme fidèle, par lequel Dieu agissait, ce que l'on serait tenté d'appeler ses défauts ou ses lacunes a contribué largement aux succès de ses entreprises. On vit, en effet, ce qui d'ordinaire amoindrit la considération et l'estime, lui faire de chauds amis, de généreux bienfaiteurs de ses œuvres; sa bonhomie parfois triviale, ses hardiesses de petite malignité, n'ont jamais abouti qu'à lui ouvrir les cœurs et les bourses. Avec cela, entre les mains de Dieu, et grâce à la bénédiction céleste qui l'accompagnait partout, l'abbé Bourély a trouvé pour ses pauvres, pour ses enfants du catéchisme, pour ses sacristies, ses chapelles, ses écoles, des centaines de mille francs; les monuments existent, les œuvres sont durables; quel plus bel éloge sur la terre et dans les cieux! Et pourtant quel renversement de la raison et de la sagesse humaines! Ah! c'est que la bonhomie cachait la sainteté et la vertu de Dieu; elle était souvent une des formes de son zèle. Il convenait de le dire et de mettre en relief ce contraste si vrai qui définit et fixe, pour le jugement du présent et de l'avenir, la physionomie vraiment sacerdotale et sainte de l'abbé Bourély.

Que dirions-nous maintenant, s'il nous était permis de soulever le voile qui couvre les merveilles opérées dans les âmes! Quel spectacle et quelle beauté sublime, si nous songeons qu'avec un si fidèle serviteur les œuvres extérieures ne peuvent être qu'un pâle reflet des œuvres intérieures!! Laissons ce secret pour la cité céleste, et glorifions Dieu de qui découle tout don parfait et qui donne aux fidèles d'être à son service dignes et louables. *De cujus munere venit ut Deo digne et laudabiliter serviatur*. (Oraison du XIIe *post. Pentec.*) Gloire à Dieu, mes Frères, d'avoir formé pour nous un cœur d'apôtre comme celui de notre vénéré défunt! Gloire à Dieu de nous l'avoir donné pour père et pour guide dans la voie du salut éternel! Gloire à ce Roi éternel des siècles qui se montre toujours admirable dans ses saints et qui nous réserve au Ciel la manifestation de ses œuvres les plus merveilleuses, celles qu'il opère au sein de son Eglise, dans le mystère des âmes! Gloire à ce Dieu tout-puissant et tout bon, dont nos âmes ravies célébreront éternellement l'amour et les tendresses. Anges et Saints, remerciez avec nous le Seigneur des grandes grâces qui nous sont arrivées, qui sont arrivées à tant d'âmes par les mains de notre vénéré père...

Et maintenant, si je jette les yeux sur ce monumental catafalque, je me rappelle, non sans quelque tristesse, que c'est le dernier et suprême hommage solennel que nous rendrons à ce père chéri. L'an dernier, les larmes coulaient de tous les yeux qui se fixaient là même, sur un cercueil où gisait dans la mort le fondateur et l'apôtre de ce temple saint. Aujourd'hui, cette imitation, cette sorte de renouvellement de la pompe des funérailles parle encore à notre cœur comme si c'était un dernier et suprême adieu, comme si nous ne devions plus avoir la consolation d'entendre parler de lui et de répéter pour son âme le chant plaintif des cérémonies funèbres. Non, mes Frères, notre adieu n'est pas éternel, parce que nos âmes ne pourront l'oublier; son souvenir vivra dans nos cœurs. Pour moi, son indigne successeur, je me plairai toujours à le regarder comme un père qui m'a légué son héritage et confié sa mission. Je l'estimais, maintenant je l'aime et le vénère; il me semble que son intercession me soutient, que sa protection m'environne. Soyez bénis, chers paroissiens, respectables amis; votre souvenir fidèle à sa mémoire, en m'imposant le devoir d'étudier sa vie pour faire devant vous son Oraison funèbre, m'a fourni l'occasion de l'aimer, de le vénérer plus encore, et il me semble que la main du temps, en l'éloignant de nous, ne pourra que dépouiller sa figure pour la rendre à notre souvenir plus radieuse, plus pure et plus céleste!

LAUS DEO IN ÆTERNUM!

Alais, Typ. J. MARTIN, place Saint-Jean.

www.ingramcontent.com/pod-product-compliance
Ingram Content Group UK Ltd.
Pitfield, Milton Keynes, MK11 3LW, UK
UKHW022149260726
13993UKWH00005B/2257